みたい！しりたい！しらべたい！
日本の妖怪 すがた図鑑

② 男のすがたをした妖怪

監修 常光 徹
序文 京極夏彦

ミネルヴァ書房

妖怪という言葉

京極夏彦

「妖怪」とは何をさすのか

この本を手にされたみなさんは、もちろん「妖怪」のことをご存じだろうと思います。

そうは言っても、実際に妖怪に出あったことがあるという人はいないのではないでしょうか。「妖怪」は現在、おもにアニメやまんが、ドラマ、ゲームなどのなかに登場するキャラクターとして、私たちの前にあらわれるものです。

でも、「妖怪」という言葉は、本来私たちの知る妖怪＝キャラクターをさししめすものではありませんでした。

たとえば、映画やテレビなどでよく見かける「ドラキュラ」や「狼男」、「フランケン」などは、もともと「妖怪」とは呼ばれていませんでした。

吸血鬼自体は海外に古くから伝わるものですし、ドラキュラ伯爵にもモデルになった歴史上の人物が実在しますが、『吸血鬼ドラキュラ』自体は、ホラー小説です。ドラキュラ伯爵は、小説の登場人物なのです。同じように「フランケン（正確にはフランケンシュタイン博士の作った怪物）」も、古典的なSFホラー小説に登場する人造人間です。「狼男」は、東欧の言い伝えなどを元にして作られた映画のモンスターです。

これらは、現在では「海外の妖怪」として紹介されることが多いようですが、「妖怪」として作られたわけではありません。「怪物」や「怪人」ではありましたが、「妖怪」ではなかったのです。

彼らは、「妖怪」という言葉が「私たちの知っている妖怪キャラクター」のことをあらわすようになったあとで、「同じようなもの」としてあつかわれるようになったのです。

「妖怪」のもともとの意味

　一方、アニメやドラマで人気の「妖怪人間」を見て、「ちょっとほかの妖怪とはちがう感じかな」と思われた人はいないでしょうか。それもそのはずで、「妖怪人間」の設定が作りだされた昭和40年ごろ、「妖怪」という言葉は、まだはっきりとしたわく組みをもっていなかったのです。

　そのむかし、「妖怪」という言葉は、今よりももっとずっとぼんやりとした、幅の広いものをさししめす言葉でした。

　これは、文字を見ればわかることでもあります。たとえば「怪獣」は「あやしいけもの（生物）」と書きます。「怪人」は「あやしいひと」で、「怪物」は「あや

つりをしてかえろうとすると、堀から「おいていけ、おいていけ」という声がするという怪談「おいてけぼり」。「現象」は声だけだが、浮世絵では幽霊のようなすがたがえがかれ、かたちのあるキャラクターとなっている。（『本所七不思議之内置行堀』歌川国輝　資料提供：墨田区立緑図書館）

東京都台東区のかっぱ橋道具街にはかっぱの伝説がつたわっており、シンボルの像がたっている。

3

しいもの」です。しかし、「妖怪」は、「あやしい・あやしい」と書きます。獣でも人でも物でもない、何もさししめしていない言葉なのです。

この文字の組み合わせは、「怪奇」とか「怪異」などと同じような感じがしないでしょうか。それが正解なのです。「妖怪」は、もともと、ただ「怪しい」という状態をあらわす言葉だったのです。

明治時代に、井上圓了という仏教哲学者が「妖怪学」という学問を広めました。この「妖怪学」は、「ぬりかべ」や「いったんもめん」を研究する学問ではありません。かんたんに言うなら、今で言う「オカルト」現象をむやみに信じるのをやめて、科学的に見なおしていこうという学問でした。「妖怪学」がとりあつかうのは、キャラクターではなく、UFOや心霊現象だったのです。私たちが知る「妖怪」という言葉とは、かなりズレた意味でつかわれています。

私たちの知っている「妖怪」は、むしろ江戸時代に作られた「化け物」に近いようです。「化け物」という言葉も、もともとの意味はちがっていたものと思われますが、江戸時代の後半くらいになると、「ろくろ首」や「一つ目小僧」など、おもにキャラクターをさししめすようになります。その「化け物キャラクター」は絵本や舞台で、ちょうど現在の「妖怪」のように活躍をしはじめます。

江戸時代後期に民衆にしたしまれていた浮世絵には、妖怪をえがいたものも多い。この絵は海坊主をえがいたもの。
（『東海道五十三対　桑名』一勇斎国芳　国立国会図書館所蔵）

浮世絵の大家、葛飾北斎も、いくつもの妖怪の浮世絵を手がけている。これは『北斎漫画』（江戸時代後期）のなかにおさめられた「ろくろ首」の絵。まんなかにいるのは「三つ目入道」。（『北斎漫画』葛飾北斎　国立国会図書館所蔵）

江戸のある時期、この「化け物」の言いかえとして、「妖怪」という言葉がつかわれたことがありました。でも、なじみのない「妖怪」という言葉はあまり広まりませんでした。それ以前に、「妖怪」は「怪しい状態」をさししめす言葉なのであって「キャラクター限定」ではなかったのです。

ですから、井上圓了のつかい方はズレているのではなく、むしろ正しいつかい方だったということができます。

妖怪の「キャラクター」化

その後、昭和時代に入って、民俗学者の柳田國男が「妖怪」を民俗学の用語として選びとります。ただ、柳田も「妖怪」を「キャラクター限定」の言葉としてつかったわけではありませんでした。日本各地に古くから伝わる「怪しいものごと」を「妖怪」と名づけて分類しただけです。しかし、「妖怪」に分類された怪しいものごとの多くは、「キャラクター」としてとらえたほうがわかりやすいものだったのです。

やがて、水木しげるさんをはじめとする作家たちの手で、民俗学の「妖怪」は江戸時代の「化け物」とひとつにされて、よりわかりやすい形で紹介されることになります。忘れられつつあった「日本に古くから伝わっている怪しいものごと」は、まんがや小説のなかで「キャラクター」としてよみがえることになったのです。

ですから「妖怪」は、ただのキャラクターではありません。「古くから伝わっている」「その地方の文化が作り出した」「なつかしくて怪しい」キャラクターなのです。

「妖怪人間」はこのわく組みが完全にでき上がる前に誕生したものなのです。一方、ドラキュラやフランケンは（個人の創作ではありますが）このわく組みにあてはまる部分が多いために、あとから「妖怪」の仲間入りをることになったのです。

この本に出てくる「妖怪」は、物語のなかで活躍するキャラクターでもありますが、決してただの創作ではありません。長い時間をかけてくらしのなかでつちかわれた、「この国の文化」そのものなのです。でも、むずかしく考える必要はありません。楽しんで、怖がって、なつかしむために、キャラクターの形をとっているだけなのですから。

いまの妖怪のキャラクターイメージは、まんが家の水木しげるさんによってつくられたものも多い。いったんもめんはアニメの登場キャラクターになり、有名になった。

© 水木プロ

もくじ

妖怪という言葉 ● 京極夏彦 ……………… 2

子どもの妖怪 ……………………………… 8
やまわろ／あとおいこぞう／いっかんこぞう／
つけひもこぞう／とうふこぞう／あめふりこぞう／
あかシャグマ／まくらこぞう

ぼうずの妖怪 ……………………………… 12
ひよりぼう／そろばんぼうず／あおぼうず／
こんにゃくぼう／がんばりにゅうどう／
たかにゅうどう／おおぼうず／くろぼうず／
ひがんぼうず／しろぼうず

じいさま妖怪 ……………………………… 18
ももんじい／やまじじ／ごろうじん／オハチスエ

気味のわるい妖怪 ………………………… 20
かつらおとこ／ヤンボシ／てのめ／しゅのばん／
あぶらとり／しきじろう

現代の妖怪 ………………………………… 24
ちいさいおじさん／あかマント／さとるくん／
3センチおばけ／マラソンおじさん

コラム 人気者になった妖怪 ……………… 28

図鑑の見方 ……………… 7
全巻さくいん …………… 30

図鑑の見方

この本では、男の人のすがたであらわれる妖怪を紹介しています。

【イラスト】
妖怪のすがたを、絵であらわしています。

【妖怪名】
妖怪の名前を、かなと漢字で紹介しています。

【解説】
妖怪のすがたやかたち、とくちょうを解説しています。

ごろうじん［碁老人］
出没地 東京都、新潟県 など　別名 なし
危険度 😊 碁のうでまえをあげてくれる

老人のすがたをした囲碁の精です。ごろうじんと碁をうったりなかよくなったりすると、碁のうでまえがあがるといわれています。

出没地　その妖怪がもくげきされたおもな都道府県を紹介しています。

別名　いくつか名前のある妖怪は、おもな名前を紹介しています。

危険度　下のマークで、その妖怪の危険度を区別しています。

🔴 人をおそったり、命をとったりする妖怪。

🟠 人をおどろかすていどのわるさしかしない妖怪。

🔵 人のためになることをする妖怪。

子どもの妖怪

子どものすがたであらわれる妖怪たちは、いたずらが大好きです。

やまわろ [山童]

- 出没地 熊本県、宮崎県 など、九州地方
- 別 名 山わらわ、山オロ など
- 危険度 😊 山仕事をてつだう

山に入ったかっぱのなかまといわれています。山と川を行き来しますが、そのときにやまわろを見ようとした人は、病気になるといいます。木を切ったり、それをはこんだりしてくれますが、おにぎりなど、なにかお礼がひつようです。お礼は、さいしょに約束したとおりのものでなければなりません。

あとおいこぞう [後追い小僧]

- 出没地 **神奈川県**
- 別名 **山霊**
- 危険度 **とくにわるさはしない**

山道で、あとをつけてきます。ふりかえると木のかげなどにかくれるので、なかなかそのすがたは見つかりません。よく昼にあらわれます。夜あらわれる場合には、ちょうちんのような火をともしています。

いっかんこぞう [一貫小僧]

- 出没地 **岡山県**
- 別名 **なし**
- 危険度 **とくにわるさはしない**

蒜山高原（岡山県）にいる妖怪です。袈裟（長方形の布でできた、お坊さんの服）を着て、手にじゅずをもった小さなお坊さんのすがたをしています。お経をとなえながら登山者の前にあらわれますが、話をするときえてしまいます。

つけひもこぞう [付け紐小僧]

- 出没地 長野県
- 別名 なし
- 危険度 道にまよわせる

8さいほどの男の子のすがたであらわれる妖怪です。きもののつけひも（きものの胴の部分についた、おびがわりにむすぶひも）がほどけていて、ひもをむすんであげようとちかよった人はだまされて、ひと晩じゅう歩かされてしまいます。

とうふこぞう [豆腐小僧]

- 出没地 東京都 など
- 別名 なし
- 危険度 とくにわるさはしない

大きなかさをかぶり、おぼんにとうふをのせてあらわれます。わるさをすることはなく、とうふなどをとどけるおつかいをすることもあります。気がよわく、人間をおどろかすこともありません。

あめふりこぞう [雨降り小僧]

- 出没地 岩手県 など、全国
- 別名 なし
- 危険度 とくにわるさはしない

雨の神さまのつかいだといわれています。ちょうちんをもっており、このちょうちんをふると雨をふらせることができるそうです。

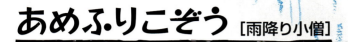

あかシャグマ [赤シャグマ]

- 出没地 愛媛県、徳島県 など
- 別名 なし
- 危険度 いたずらをする

赤いクマの毛をかぶったようなおかっぱ頭の子どものすがたをしています。夜中にあらわれ、台所の食べものを食べたり、ねている人をくすぐったりします。

まくらこぞう [枕小僧]

- 出没地 静岡県、香川県
- 別名 枕返し
- 危険度 いたずらをする

人がねているときにいたずらしたり、まくらをうごかしたりします。また、まくらこぞうが足もとにたつと、ねている人は体をうごかすことができなくなるといいます。

ぼうずの妖怪

妖怪には、お坊さんのすがたをしたものがたくさんいます。

ひよりぼう [日和坊]

- 出没地 茨城県 など
- 別名 なし
- 危険度 😊 天気の調節をしてくれる

雨のときはすがたが見えません。晴れのときにだけあらわれます。晴れになることをいのってつくるてるてるぼうずは、ひよりぼうをまつったものです。

そろばんぼうず [算盤坊主]

- 出没地 京都府
- 別名 算盤小僧
- 危険度 とくにわるさはしない

夜中にお寺の木の下にあらわれ、そろばんをはじく妖怪です。計算まちがいをしかられて死んだ、修行中のお坊さんの亡霊だといいます。

あおぼうず [青坊主]

- 出没地 岡山県、香川県 など
- 別名 なし
- 危険度 首をつらせる

青い体、または青いきものを着たぼうずすがたの妖怪で、あき家などにあらわれます。「首をつらないか」とさそいかけられたときに、ことわればきえますが、無視すると首をつらされてしまいます。夕方、家にかえるのがおそくなった子どもをさらうこともあります。

13

こんにゃくぼう ［蒟蒻坊］

- 出没地　**和歌山県**
- 別名　**なし**
- 危険度　😐 **とくにわるさはしない**

古いこんにゃく玉が化けた妖怪です。灰をいれたおふろに入らせると、正体をあばくことができます。

がんばりにゅうどう ［加牟波理入道］

出没地　**兵庫県 など**　　別名　**なし**　　危険度　😊 **黄金をもたらす**

トイレにでるという妖怪です。大みそかに、トイレで「がんばりにゅうどう、ほととぎす」ととなえると、この妖怪にあわないですむといわれています。また、このことばをとなえてあらわれた生首が、黄金にかわったという話もあります。

たかにゅうどう [高入道]

- 出没地 兵庫県、香川県、徳島県
- 別名 高坊主
- 危険度 とくにわるさはしない

せまい路地にふいにあらわれます。見あげていくとどんどん大きくなりますが、「1尺、2尺……」とものさしではかったり、「負けた、見こした」といっておじぎをしたりすると、きえるといいます。タヌキやキツネのしわざともいわれています。

おおぼうず [大坊主]

- 出没地 鹿児島県、静岡県 など
- 別名 大入道
- 危険度 つかみかかる

大きなお坊さんのすがたをした妖怪です。人に危害をくわえることはありませんが、ぬっとあらわれてつかみかかったり、すもうをいどんできたりします。たいじしようと切りつけるとにげていきます。

くろぼうず [黒坊主]

- 出没地 　東京都 など
- 別　名 　なし
- 危険度 　😑 人の顔をなめまわす

真夜中にまっ黒なぼうずのすがたであらわれ、人の顔をなめまわしたり、息をすったりします。なめられたあとは、がまんできないほどなまぐさいそうです。

ひがんぼうず [彼岸坊主]

- 出没地 　東京都
- 別　名 　つくしんぼ
- 危険度 　🙂 お墓のそうじをしてくれる

ひがんのころ、たくさんの小さな子どもの僧が墓場にあらわれます。手入れのいいかげんな墓のそうじや、かたづけをしてくれることもあります。

しろぼうず [白坊主]

- 出没地 静岡県、大阪府 など
- 別 名 なし
- 危険度 とくにわるさはしない

夜、道を歩いているとであう妖怪です。とくにわるいことはしませんが、正月かざりをもやす「ドンドン焼き」のときに、山から「ほーい、ほーい」と声をかけて人をこわがらせることがあります。

じいさま妖怪

おじいさんのすがたをした妖怪のなかには、わざわいをもたらすものもいます。

ももんじい ［百々爺］

- 出没地　山梨県、東京都 など
- 別　名　なし
- 危険度　病気をもたらす

山おくにすむ老人のすがたの妖怪です。旅人がであうと病気になるといわれています。

やまじじ ［山爺］

- 出没地 **高知県 など、四国地方**
- 別名 **山父**
- 危険度 😐 **家畜をさらうことがある**

一本足で、全身にみじかい毛がはえている妖怪です。目はふたつあるのですが、ひとつはとても小さく、ひとつ目のように見えます。声がとても大きく、やまじじのさけび声で木の葉がまいおちるほどだといいます。動物をばりばりと食べたり、家畜をさらったりすることもあります。

ごろうじん ［碁老人］

- 出没地 **東京都、新潟県 など**
- 別名 **なし**
- 危険度 🙂 **碁のうでまえをあげてくれる**

老人のすがたをした囲碁の精です。ごろうじんと碁をうったりなかよくなったりすると、碁のうでまえがあがるといわれています。

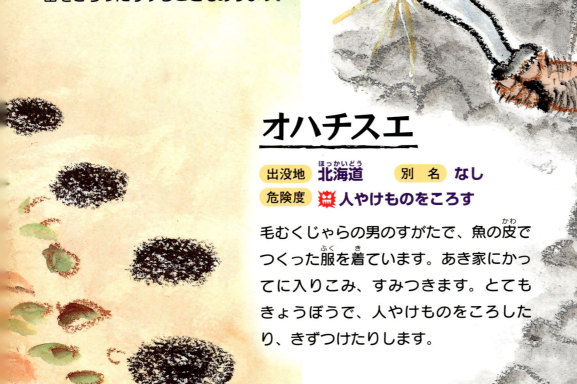

オハチスエ

- 出没地 **北海道**
- 別名 **なし**
- 危険度 💥 **人やけものをころす**

毛むくじゃらの男のすがたで、魚の皮でつくった服を着ています。あき家にかってに入りこみ、すみつきます。とてもきょうぼうで、人やけものをころしたり、きずつけたりします。

気味のわるい妖怪

ここでは、妖怪のなかでも、とくに気味のわるいものを あつめてみました。

かつらおとこ [桂男]

- 出没地 **和歌山県** など
- 別名 なし
- 危険度 命をちぢめる

月にすんでいる妖怪です。満月ではない夜に、あまり長いあいだ月を見ていると、かつらおとこが手をのばして見ている人に手まねきします。まねかれた人は、命がちぢんでしまいます。

ヤンボシ

出没地 鹿児島県、宮崎県 など　　別名 ヤンブシ
危険度 人をさらう

大きな人のかたちをした影の妖怪です。夜の山道でであってしまうと、走ってにげてもさらわれてしまいます。お坊さんが死んだところにあらわれるといいます。

てのめ ［手の目］

出没地 岩手県、新潟県 など　　別名 手目坊主
危険度 人をおそうことがある

夜の野原や墓場などにあらわれる妖怪です。顔には目がなく、手のひらに目玉がついています。目の見えない人がころされたあとにあらわれるといいます。人をおそうこともあります。

しゅのばん [朱の盤]

出没地	福島県、新潟県
別　名	首の番、朱盤
危険度	人をおどろかす

まっかな顔におさらのような目、耳までさけた口、ひたいにつのが1本というおそろしいすがたの妖怪です。ふつうの人に化たあとで、いきなり正体をあらわし、おどろかします。にげても、またべつの人に化けておどろかします。

あぶらとり ［油取り］

- 出没地 山形県、岩手県 など、東北地方
- 別名 なし
- 危険度 子どもをさらう

子どもをさらっては、その油をしぼりとるというおそろしい妖怪です。とくに、きれいな油がとれる女の子はねらわれやすいといいます。また、あぶらとりがあらわれると戦争がはじまるともいわれています。

しきじろう ［敷次郎］

- 出没地 愛媛県、岡山県 など
- 別名 なし
- 危険度 かみつくことがある

古い鉱山のなかにひそむ妖怪です。青い顔をしたふつうの人間のように見えますが、ことばがつうじません。食べものをねだってきますが、あげないとかみついてきます。しきじろうがあらわれる前は、せなかから頭にかけてぞわっとするそうです。

現代の妖怪

妖怪には、ずっとむかしからいるものもあれば、最近になってあらわれたものもいます。

ちいさいおじさん ［小さいおじさん］

出没地	東京都 など、全国
別　名	なし
危険度	😊 見た人の運をよくしてくれることがある

ふと気がつくと、テレビのうえやまどのところに、トレーニングウェアを着たちいさいおじさんがいるそうです。わるさをすることはなく、話しかけてきたり、目があうとにげたりします。ちいさいおじさんを見ると運がよくなるといいます。

あかマント ［赤マント］

- 出没地　東京都 など、全国
- 別　名　なし
- 危険度　人をころす

学校のトイレに入ってきた人に「赤マントはいらんかね？」ときいてきます。ほしいというと、血の雨がふってきて服がまっかにそまり、赤いマントを着たようなすがたになってしまうそうです。

さとるくん

出没地 東京都など、全国
別　名 なし
危険度 👹 べつの世界へつれていくこともある

公衆電話から自分の携帯電話へかけて、「さとるくん、さとるくん、おいでください」とよびかけます。すると、携帯の電源を切っていても24時間以内に、電話がかかってきます。「いま、○○にいるよ」と、どんどんちかづいてきて、「いま、きみのうしろにいるよ」といわれたら、どんな質問にでもひとつだけこたえてもらえます。ただし、このときにうしろをふりかえると、べつの世界につれさられてしまいます。

3センチおばけ

出没地	東京都 など、全国
別名	なし
危険度	とくにわるさはしない

学校の黒板とかべのわずかなすきまや、ロッカーとロッカーのすきまなどにひそんでいます。とくになにもせず、ただいるだけです。

マラソンおじさん

出没地	大阪府 など、関西地方	別名	なし
危険度	事故にあわせることもある		

いなかにある暗い道にあらわれます。車で走っていると、うしろからマラソンしながらついてきます。スピードを時速80キロくらいにあげてもおいついてきて、まどからのぞきこみ、ニヤニヤとわらいます。マラソンおじさんにであった車は、事故にあうともいいます。

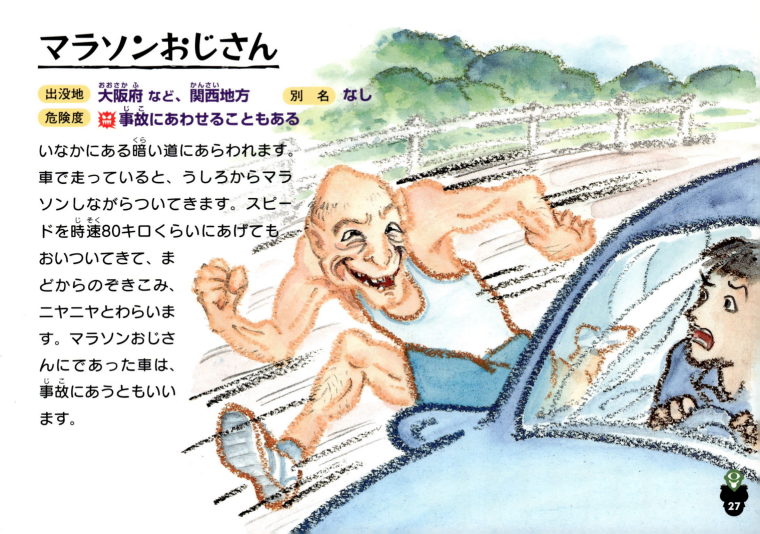

人気者になった妖怪

コラム

絵やあそび道具など、妖怪はさまざまな
かたちでしたしまれてきました。

おそろしい存在から楽しむ物語へ

むかしから、人びとはふしぎな話やこわい話を楽しんできました。おそろしい化けものが登場する話は、平安時代からあったと考えられます。このころ、妖怪やたたりは死やわざわいをもたらすものとして、真剣におそれられていました。

室町時代になると、妖怪のすがたをえがいた絵巻がつくられました。土佐光信という人がかいたといわれる『百鬼夜行絵巻』、物語がそえられた『付喪神絵巻』などです。このころから、妖怪物語は絵といっしょにつたえられることが多くなります。絵があるからこそ、物語の迫力やおもしろみが大きくなるといえます。

『付喪神絵巻』は、古くなってすてられた道具が妖怪になって人間をおそうが、護法童子に負かされて改心し、修行をして仏教のさとりをひらくという物語。(『付喪神絵巻』写本　国立国会図書館所蔵)

マスごとに妖怪の絵がかかれた江戸時代のすごろく。それぞれに名前もかいてあり、妖怪図鑑としても楽しめる。
（『百種怪談妖物双六』歌川芳員　1858年
国立歴史民俗博物館所蔵）

月岡芳年のえがいた「したきりすずめ」の一場面。
月岡芳年は妖怪の浮世絵を多くえがいた人気の絵師。
（『新形三十六怪撰　おもゐつゞら』月岡芳年
1892年　国立歴史民俗博物館所蔵）

妖怪文化が花ひらいた江戸時代

江戸時代になると、妖怪や怪談は爆発的な人気をよびます。庶民を中心に流行したよみものや浮世絵などで、自由に創作された妖怪が大活躍しました。鳥山石燕の『画図百鬼夜行』や竹原春泉斎の『絵本百物語』など、妖怪図鑑ともいえる本も出版されました。また、人びとのあいだで「百物語」というあそびが流行しました。これは、何人かが夜にあつまり、100本のろうそくをたててひとりずつこわい話をしていくものです。話がおわるたびにろうそくをけしていき、すべての火がきえたときにおそろしいことがおこるといわれていました。

現代になると、妖怪は子どもたちのあいだで人気になります。妖怪図鑑や怪談をあつめたものなど、妖怪の本がよく読まれるようになりました。いまでは、読みもの、まんが、アニメ、映画など、さまざまなかたちで妖怪は人びとからしたしまれています。妖怪は、おそろしくはあるものの、みんなで話して楽しむことのできる存在になっていったのです。

全巻さくいん

みかた

```
                  ──── あ ─┐─── 行
  あおぼうず ⋯⋯⋯⋯⋯⋯⋯⋯⋯⋯⋯ ②P13
    妖怪名           巻数 ページ数
```

❶ 女のすがたをした妖怪　❷ 男のすがたをした妖怪
❸ 動物のすがたをした妖怪

あ

あおぼうず	②P13
赤い紙、青い紙	❶P24
赤いはんてん	❶P24
あかシャグマ	②P11
あかでんちゅう	③P12
あかマント	②P25
あとおいこぞう	②P9
あぶらとり	②P23
あまざけばばあ	❶P20
あめふりこぞう	②P11
いそおんな	❶P11
いっかんこぞう	②P9
うすおいばばあ	❶P21
おおぎせる	③P14
おおくび	❶P15
おおぼうず	②P15
オキナ	③P27
おさんきつね	③P10
おしろいばばあ	❶P20
おとらぎつね	③P11
オハチスエ	②P19
オボ	③P25
陰陽師	❶P29
おんもらき	③P22

か

かくればばあ	❶P21
かじがかか	❶P21
かたわぐるま	❶P23
かつらおとこ	②P20
かにぼうず	③P26
かみむすびねこ	③P17
かめひめ	❶P9
かやつりたぬき	③P12
華陽夫人（天竺）	❶P28
かわじょろう	❶P10
がんばりにゅうどう	②P14
きゅうそ	③P24
九尾のキツネ	❶P28、29
きよひめ	❶P8
金長たぬき	③P29
空海	③P29
くらばばあ	❶P20
くろぼうず	②P16
ケータイババア	❶P27
こぞうだぬき	③P15
ごろうじん	②P19
こんにゃくばばあ	❶P18
こんにゃくぼう	②P14

さ

さとるくん	②P26
しがまにょうぼう	❶P13
しきじろう	②P23
したながうば	❶P19
しのざききつね	③P11
ジャンピングババア	❶P27
しゅのばん	②P22
しろぼうず	②P17
すきまおんな	❶P22
そろばんぼうず	②P13

30

た

- たかにゅうどう ………………………… ②P15
- 妲己（殷） ………………………… ①P28
- 玉藻前 ………………………… ①P28、29
- ちいさいおじさん ………………………… ②P24
- ちょうちんとりぎつね ………………………… ③P8
- ちょうめんようじょ ………………………… ①P14
- 付喪神 ………………………… ②P28
- つけひもこぞう ………………………… ②P10
- つちぐも ………………………… ③P27
- テケテケ ………………………… ①P24
- てのめ ………………………… ②P21
- 天狐 ………………………… ③P28
- とうふこぞう ………………………… ②P10

な

- ななひろにょうぼう ………………………… ①P15
- にゅうないすずめ ………………………… ③P21
- ぬえ ………………………… ③P20
- ぬまごぜん ………………………… ③P19
- のづち ………………………… ③P18
- のぶすま ………………………… ③P25
- のもり ………………………… ③P18

は

- はくぞうす ………………………… ③P10
- 化けネコ ………………………… ③P16、17
- はまひめ ………………………… ①P11
- ひがんぼうず ………………………… ②P16
- ヒザマ ………………………… ③P22
- ひでりがみ ………………………… ③P24
- ひよりぼう ………………………… ②P12
- ふたくちおんな ………………………… ①P12
- フリカムイ ………………………… ③P23
- 褒姒（周） ………………………… ①P28
- ぼうずだぬき ………………………… ③P13
- ほうそうばばあ ………………………… ①P18
- ほねおんな ………………………… ①P22

ま

- まくらこぞう ………………………… ②P11
- まめだぬき ………………………… ③P14
- マラソンおじさん ………………………… ②P27
- みかりばあさん ………………………… ①P17
- ムラサキババア ………………………… ①P25
- もめんひきばばあ ………………………… ①P16
- ももんじい ………………………… ②P18

や

- やこ ………………………… ③P9
- やなぎばばあ ………………………… ①P16
- やまじじ ………………………… ②P19
- やまねこ ………………………… ③P16
- やまひめ ………………………… ①P10
- やまわろ ………………………… ②P8
- ヤンボシ ………………………… ②P21
- よじばば ………………………… ①P25
- よなきばばあ ………………………… ①P19

ら

- 六右衛門たぬき ………………………… ③P29

数字

- 100メートルババア ………………………… ①P26
- 100キロババア ………………………… ①P26
- 3センチおばけ ………………………… ②P27

■監修

常光　徹（つねみつ　とおる）
1948年高知県生まれ。國學院大学を卒業後、都内の中学校教員を経て、現在、国立歴史民俗博物館教授。日本民俗学会、日本口承文芸学会会員。著作に『学校の怪談－口承文芸の展開と諸相』『しぐさの民俗学－呪術的世界と心性』（ミネルヴァ書房）、『学校の怪談』シリーズ（講談社）など多数。

■序文（2〜6ページ）

京極　夏彦（きょうごく　なつひこ）
1963年北海道生まれ。広告代理店勤務などを経て、デザインなどを手がける制作プロダクションを設立。1994年『姑獲鳥の夏』で小説家デビュー。著書に『魍魎の匣』、『嗤う伊右衛門』、『覘き小平次』、『巷説百物語』、『ルー＝ガルー』シリーズなど多数。世界妖怪協会・世界妖怪会議評議員、関東水木会会員。妖怪について、造詣が深いことで知られる。
公式HP「大極宮」http://www.osawa-office.co.jp/

■絵

中田　由見子（なかだ　ゆみこ）
1955年山梨県生まれ。少女まんが家としてデビュー後、イラストレーターとして活躍。著作に『マンガ百人一首』『マンガ好色五人女』（ともに平凡社）ほか、挿絵に『レインボー英和辞典』（学習研究社）などがある。

企画編集	こどもくらぶ
装丁・デザイン	長江　知子
ＤＴＰ	株式会社エヌ・アンド・エス企画

■参考図書

『改訂綜合日本民俗語彙』編／民俗學研究所　平凡社　1955年
『日本の民俗　神奈川』著／和田正洲　第一法規出版　1974年
『日本昔話事典』編／稲田浩二・大島建彦・川端豊彦・福田晃・三原幸久　弘堂　1977年
『民間信仰辞典』編／桜井徳太郎　東京堂出版　1980年
『日本伝奇伝説大事典』編／乾克己・小池正胤・志村有弘・高橋貢・鳥越文蔵　角川書店　1986年
『別冊太陽　日本のこころ57　日本の妖怪』平凡社　1987年
『妖精事典』編著／キャサリン・ブリッグズ　冨山房　1992年
『日本民俗大辞典　上』編／福田アジオ・新谷尚紀・湯川洋司・神田より子・中込睦子・渡邊欣雄　吉川弘文館　1999年
『日本妖怪大事典』編著／村上健司　角川書店　2005年
『江戸の怪奇譚―人はこんなにも恐ろしい』著／氏家幹人　2005年
『妖精学大全』著／井村君江　東京書籍　2008年
『図解雑学　絵と文章でわかりやすい！　日本の妖怪』編著／小松和彦　ナツメ社　2009年
『図説　妖怪画の系譜』編／兵庫県立歴史博物館・京都国際マンガミュージアム　河出書房新社　2009年
『図解　日本全国おもしろ妖怪列伝』著／山下昌也　講談社　2010年
『文庫版　妖怪の理　妖怪の檻』著／京極夏彦　角川書店　2011年

みたい！しりたい！しらべたい！
日本の妖怪すがた図鑑　②男のすがたをした妖怪

2012年3月20日　初版第1刷発行　　　　　　検印廃止

定価はカバーに表示しています

監修者	常光　徹
発行者	杉田啓三
印刷者	金子眞吾

発行所　株式会社ミネルヴァ書房
607-8494　京都市山科区日ノ岡堤谷町1
電話 075-581-5191／振替 01020-0-8076

©こどもくらぶ, 2012　　印刷・製本　凸版印刷株式会社

ISBN978-4-623-06296-6
NDC388/32P/27cm
Printed in Japan

いまもむかしも、こわいけど大好き!?
妖怪をあらわれるときのすがた別に大紹介！

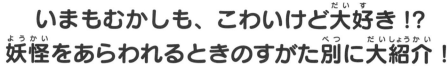

みたい！しりたい！しらべたい！
日本の妖怪 すがた図鑑
全 3 巻

監修 **常光 徹**　　序文 **京極夏彦**

27cm　32ページ　NDC388
オールカラー　小学校中学年〜高学年向き

・・・・・・・・・・・・・・・・・・・・・・・・・・・・・・・・・

1. 女のすがたをした妖怪
2. 男のすがたをした妖怪
3. 動物のすがたをした妖怪

「日本の妖怪大図鑑」もおもしろいよ！
1. 家の妖怪　2. 山の妖怪　3. 海の妖怪

全妖怪の危険度早見表

『日本の妖怪すがた図鑑』に登場する、

① 女のすがたをした妖怪

😃 人のためになることをする妖怪
かわじょろう

😐 人をおどろかすていどのわるさしかしない妖怪
ふたくちおんな	おしろいばばあ
しがまにょうぼう	くらばばあ
ちょうめんようじょ	うすおいばばあ
おおくび	ほねおんな
ななひろにょうぼう	すきまおんな
もめんひきばばあ	
やなぎばばあ	
よなきばばあ	

👹 人をおそったり、命をとったりする妖怪
きよひめ	かくればばあ
かめひめ	かじがかか
やまひめ	かたわぐるま
いそおんな	テケテケ
はまひめ	ムラサキババア
みかりばあさん	よじばば
ほうそうばばあ	100キロババア
こんにゃくばばあ	ジャンピングババア
したながうば	100メートルババア
あまざけばばあ	ケータイババア